图书馆阅读之旅

主　编　万志强
副主编　钟　霞　付建勇　牟芮冉

四川大学出版社
SICHUAN UNIVERSITY PRESS

图书在版编目（CIP）数据

图书馆阅读之旅 / 万志强主编． — 成都：四川大学出版社，2023.9

ISBN 978-7-5690-6330-1

Ⅰ．①图… Ⅱ．①万… Ⅲ．①阅读课－小学－教学参考资料 Ⅳ．① G624.233

中国国家版本馆 CIP 数据核字（2023）第 171777 号

书　　名：图书馆阅读之旅
　　　　　 Tushuguan Yuedu zhi Lü
主　　编：万志强

- -

选题策划：庄　溢
责任编辑：庄　溢
责任校对：曹雪敏
装帧设计：清源书系
责任印制：王　炜

- -

出版发行：四川大学出版社有限责任公司
　　　　　地址：成都市一环路南一段 24 号（610065）
　　　　　电话：(028) 85408311（发行部）、85400276（总编室）
　　　　　电子邮箱：scupress@vip.163.com
　　　　　网址：https://press.scu.edu.cn
印前制作：北京育林华夏文化传播有限公司
印刷装订：四川煤田地质制图印务有限责任公司

- -

成品尺寸：185mm×260mm
印　　张：6.5
字　　数：127 千字

- -

版　　次：2023 年 9 月 第 1 版
印　　次：2023 年 9 月 第 1 次印刷
定　　价：29.80 元

- -

扫码获取数字资源

四川大学出版社
微信公众号

本社图书如有印装质量问题，请联系发行部调换

编委会名单

主　编

万志强

副　主　编

钟　霞　付建勇　牟芮冉

编写人员
（以姓氏笔画为序）

马香玉　刘　丹　刘　秋　李诗敏
杨先丽　何　英　陈　洁　罗　琦
周天涯　周　怡　贺红梅

插　图

李　丽　徐小琴

前　言

　　阅读，是一个人厚实学养、提升思想境界的必由之路，是一座城市、一个国家通向未来的"护照"。小学阶段，是学生养成阅读习惯、培养阅读能力的黄金期。成都市双流区东升迎春小学秉持"春天教育"理念，以"生命·希望"为核心，构建以"乐学守求，博观约取"为总目标的阅读"三餐"课程，希望学生通过主餐式阅读、聚餐式阅读、零餐式阅读三类课程内容的浸润，提升阅读素养，发展终身学习能力。其中，零餐式阅读将阅读空间从校内拓展至校外，实施图书馆阅读的跨学科学习课程，指导学生掌握图书馆阅读的方法与技能，引领学生走向社会，面向未来。图书馆能够为学生提供丰富的馆藏资源、宽阔的环境资源以及专业的人力资源。它是学习的海洋，人生的宝藏。为此，我们不断优化图书馆阅读课程，精心编写了本书，便于广大教师进行图书馆阅读教学，同时也便于学生开展自主学习。具体而言，本书有以下特点。

　　一、双线组元，立体提升

　　本书将"图书馆阅读主题"和"阅读能力提升"两条线索相结合来组织和编排内容，共包括12个主题学习任务，涵盖小学生进行图书馆阅读的各方面。"图书馆阅读主题"遵循活动主题由浅入深、活动形式由单一到复杂、活动地点从校内向校外延展的逻辑；"阅读能力提升"遵循方法由易到难、能力由低到高、学科整合由少到多的逻辑。

　　二、板块分明，学以致用

　　本书每个主题均包括"学习之旅""能力提升""图书馆传送门"三个板块，一个板块就是一个学习环节，便于学生阅读与实践。"学习之旅"为主题学习的主体部分，是围绕主题进行的由浅入深或由认知到实践的学习活动；"能力提升"是学习后的实践迁移，对学生的学习情况进行评测，并指导学生的实际运用；"图书馆传送门"为学生介绍了国内及国外知名的图书馆，激发学生探索图书馆的兴趣，使他们了解更多图书馆知识。全书所有活动设计均以学生实践活动为主线，让学生在学中用、在做中学。

三、学科整合，发展素养

《义务教育课程方案（2022年版）》提出要基于学生核心素养的发展要求，精选和设计课程内容，设立跨学科主题学习活动。本书就是以图书馆阅读为研究对象，运用多学科的理论和方法，通过开展跨学科主题学习活动探讨提升学生图书馆阅读能力的途径。编者在进行设计时，有意识地整合了该学段语文、数学、科学、美术、信息技术等多学科的知识与方法，希望借由图书馆阅读这个通道，让学习连接学生的生活，同时将学生的生活提高到发展核心素养的高度。

四、趣味助学，激发兴趣

编者把握儿童天性，设计了"迎迎"和"春春"两个学习伙伴，并创设情境，让"迎迎"和"春春"带领学生乘上"春天列车"去"图书馆王国"旅行，途经12个站台，一路欣赏，一路收获。全书采用儿童化的语言，生动易懂，图文互为补充，相得益彰，可以为小读者带来愉悦的阅读体验。每站导语既串联前后主题，又明确学习目标。以"迎迎"和"春春"的口吻编写的"小贴示"形式多样，有重点强调、资料补充、方法总结等内容，可以起到促进学习的作用。每个主题的学习内容多以故事、儿歌、连环画等形式呈现，增强了可读性与趣味性。"能力提升"板块布置的任务贴近学生生活，富有挑战性，能够让学生在完成任务的过程中获得成就感。此外，我们还在每页的页脚编排了古今中外关于阅读的名言，强调阅读的重要性与意义，同时帮助学生进行知识积累。

阅读是一种主动继承和发展的力量，能不断强化文化认同、凝聚民心、振奋民族精神、提高公民素质、营造良好社会风气。让所有学生爱上阅读，并成为积极的终身阅读者，是编者不懈追求的目标。

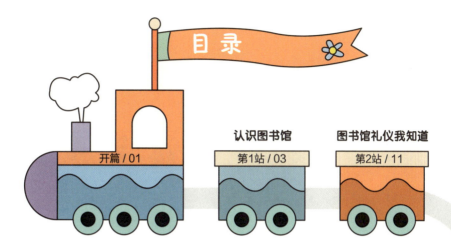

开篇

春风翻动书页，

那是文字在跳动；

晨光照亮书卷，

那是智慧在召唤；

小手翻开书本，

那是热爱在滋长！

带着浓浓书香，

带着阵阵欢喜，

一起乘上"春天列车"，

享受美好的图书馆阅读旅程。

……

亲爱的小朋友：

你好！

你去过图书馆吗？图书馆的功能有哪些呢？图书馆的借阅知识又是怎样的呢？图书馆里有那么多的书，又该如何寻找自己需要的那一本呢？……你的小脑袋里是否藏着这一系列的问号呀？

别着急，瞧！"春天列车"正向我们驶来！什么是"春天列车"呀？哦！原来这是一列开往图书馆的"列车"，能让我们把图书馆的奥秘一探到底，为我们打开阅读宝库之门。图书是生活的万花筒，是大千世界的缩影，是开启我们智慧的门窗。哇，那我们的列车长是谁呢？原来是淘气的迎迎、可爱的春春呀！在这一次旅途中，迎迎和春春会一直陪伴我们，指引我们顺利到达终点！一起来跟我们的列车长迎迎和春春打声招呼吧！

我就是淘气的迎迎列车长啦！

嗨，你们好！我是此次"春天列车"列车长春春！

这一次的旅程非常丰富！迎迎和春春早已为我们规划好12站的行程："认识图书馆""了解书的结构""图书分类我能行"……想知道图书馆到底是什么样的吗？那你可得跟着"春天列车"走完全程。跟着迎迎和春春的步伐，一定会有不一样的收获哦！在"春天列车"的各个站点，除了获取丰富的知识，还有一系列趣味活动等待大家参与。

咔嚓咔嚓……"春天列车"就要出发啦！赶紧上车，开启一段特别的图书馆阅读之旅吧！

各位小乘客，你们准备好了吗？

读万卷书，行万里路。——刘彝

第一站

认识图书馆

同学们，图书馆是知识的海洋，也是一个非常奇妙又有趣的地方，在这里大家都能找到自己喜欢的图书。今天，迎迎和春春将带领我们一起看看图书馆里有什么。快跟上他们的脚步吧！

学习之旅

活动一：走进校园图书馆

同学们，你们知道吗？在我们学校里有一个美丽、有趣的书之家，它就是校园图书馆。让我们跟着迎迎和春春一起去了解它吧！

快来说说你发现了什么！

图书馆在春晓楼，藏有很多图书。

它有规定的开放时间。我们可以在这里借书呢。

是的，是的，听大哥哥、大姐姐们说，我们在图书馆可以自由自在地阅读，但是一定要爱护图书。

活动二：我爱小小图书馆

你最喜欢图书馆哪个部分呢？请你圈一圈，并说一说为什么。

借阅区

阅读区

公约展示

藏书区

黑发不知勤学早，白首方悔读书迟。——颜真卿

活动三：图书馆里读好书

邀游书海，书中的知识将给我们插上飞翔的翅膀。同学们，现在请你拿出书，安静地读上几页，说一说在图书馆阅读和在其他地方有什么不同的感受。

图书馆里真安静，我喜欢在这里阅读。

这里宽敞又明亮，空气里仿佛还有淡淡的书香呢！

能力提升

　　同学们，相信经过认真观察和思考，你已经知道了图书馆有许许多多的书，是我们借书、读书的好地方。接下来，就让我们行动起来，走进身边的图书馆，和爸爸妈妈一起完成图书馆实践活动吧！

同学们，你身边有哪些图书馆呢？请把它们的名字写下来。

请你贴一张你最喜欢的图书馆照片！

书痴者文必工，艺痴者技必良。——蒲松龄

图书馆传送门

中国国家图书馆

中国国家图书馆位于我国首都——北京市，是我国馆藏最丰富、规模最大的图书馆，是国家总书库。2018年，中国国家图书馆入选了"全国中小学生研学实践教育基地"名单，它的总建筑面积有28万平方米，分为总馆南区、总馆北区和古籍馆。截至2022年12月，中国国家图书馆馆藏实体资源43 268 666册（件），馆藏主要数字资源存储量2 631.4TB。

巴斯孔塞洛斯图书馆

巴斯孔塞洛斯图书馆位于墨西哥首都墨西哥城，由墨西哥著名的建筑设计师阿尔韦托·卡拉什设计，以20世纪20年代墨西哥政府教育部部长何塞·巴斯孔塞洛斯的名字命名，于2006年5月建成并开始向公众开放。巴斯孔塞洛斯图书馆设计独特，馆中悬挂着墨西哥艺术家加布里埃尔·奥罗斯科制作的灰鲸骨架雕塑，书架垂吊在天花板上，书架和图书仿佛悬浮在半空中。

书到用时方恨少，事非经过不知难。——陆游

第二站

图书馆礼仪我知道

　　同学们，我们已经知道图书馆是查阅资料、借阅图书、阅读学习的地方。它与教室一样，是知识的海洋，但也是一个公共场所，要求我们遵守一定的行为规范，保持阅读环境的安静。那图书馆有哪些礼仪规则呢？"春天列车"已在等候，同学们赶紧上车啦！

学习之旅

活动一：小兔子和妈妈的约定

迎迎和春春给咱们带来了一个故事。请同学们认真听，听完后思考：小兔子和妈妈去了哪里？小兔子和妈妈的约定是什么呢？

小兔子和妈妈要去图书馆啦！

兔妈妈提醒小兔子："别忘了我们的约定哦。"

小兔子和妈妈找到了想看的书。

兔妈妈说："宝贝别忘记，图书馆里要安静。"

兔妈妈说："嘘，保持安静！我相信你能做得到。"

小兔子说："我可以做到！"

在图书馆一定要保持安静哦！

发奋识遍天下字，立志读尽人间书。——苏轼

活动二：我是小小监督员

迎迎和春春去图书馆看书，看见了这样的画面。你来判断一下，这些小朋友的行为对不对，对的话在右下角的云朵框中打"√"，不对的话打"×"。

让我们一起播下文明的种子，收获知识的硕果。

活动三：图书馆礼仪我了解

通过上面的活动，我们知道了在图书馆要做到"静、洁"。在图书馆还应遵守哪些礼仪呢？请你结合下图和同学们讨论一下吧！

活动四：图书馆礼仪"五字诀"、儿歌我会读

图书馆礼仪"五字诀"

静：安安静静，轻手轻脚。

洁：不带零食，不扔垃圾。

雅：文明礼貌，不抢占位。

信：遵守规则，如期归还。

护：不乱画，不损坏，读后归位。

图书馆礼仪儿歌

图书馆里书籍多，文明读书我能行。

安安静静走进去，不抢座位懂礼仪。

不带零食讲卫生，乱涂乱画不可行。

读后归位记于心，如期归还讲诚信。

读书之乐何处寻，数点梅花天地心。——翁森

活动五：图书馆礼仪我来评

说到还要做到！我们就用今天学到的知识来评价一下自己的行为吧！

能力提升

同学们，请你运用今天学到的知识，和爸爸妈妈一起去图书馆看书，请他们帮助你记录活动过程，完成"图书馆礼仪我能行"实践活动记录表。

"图书馆礼仪我能行"实践活动记录表

实践时间：　　实践地点：　　参与人员：　　班级：

守礼仪照片

以学导行

你学会图书馆礼仪了吗？请根据表现在自评和家长评两个栏目里涂上自己喜欢的颜色吧！

图书馆礼仪	自评	家长评
静：安安静静，轻手轻脚	☆ ☆ ☆ ☆ ☆	☆ ☆ ☆ ☆ ☆
洁：不带零食，不扔垃圾	☆ ☆ ☆ ☆ ☆	☆ ☆ ☆ ☆ ☆
雅：文明礼貌，不抢占位	☆ ☆ ☆ ☆ ☆	☆ ☆ ☆ ☆ ☆
护：不乱画，不损坏，读后归位	☆ ☆ ☆ ☆ ☆	☆ ☆ ☆ ☆ ☆
信：遵守规则，如期归还	☆ ☆ ☆ ☆ ☆	☆ ☆ ☆ ☆ ☆

以学助行

在图书馆，我发现了不文明现象，帮助他/她了解了图书馆礼仪，并请爸爸妈妈帮我记录下来。

不文明现象

我这样帮助他/她

图书馆传送门

上海图书馆

上海图书馆成立于1952年，是上海市中心图书馆总馆，入选首批国家古籍重点保护单位。截至2021年年底，上海图书馆藏有中外文献5 700余万册（件），其中古籍善本、碑帖尺牍、名人手稿、家谱方志、西文珍本、唱片乐谱、近代报刊及专利标准尤具特色。

英国国家图书馆

英国国家图书馆（亦译作大英图书馆、不列颠图书馆）位于伦敦和西约克郡，是世界上最大的学术图书馆之一。英国国家图书馆于1973年7月由原英国博物院图书馆、国立中央图书馆、国立科学与发明参考图书馆、国立科学与技术外借图书馆、英国国家书目公司合并而成。它拥有超过1.7亿件馆藏，涵盖了数百种语言、无数种格式。有些藏品可追溯至数千年以前，有些则属于数字时代。

立身以立学为先，立学以读书为本。——欧阳修

第三站

护书小妙招

同学们，书籍是我们的好朋友。它们拥有无穷的智慧，可是也特别容易受伤。那么，如何更好地保护它们呢？接下来，就让我们跟随迎迎和春春一起去了解护书小妙招吧！

学习之旅

活动一：书本对我说

　　书本与我们形影不离，是我们的好朋友。可是，它们有时候也会感到特别苦恼，请你和同学们说一说它们都有哪些苦恼呢？

是呀！我还发现阅览室有一些书本出现翘角；有一些书本没有被放回原位，而是被随处乱扔；甚至还有一些书本的内页被撕。

书本是我们的好朋友，我们一定要帮助它们解决烦恼！

非读书，不明理。要知事，须读史。——李光庭

活动二：我有金点子

同学们，我们应该怎样帮助书本解决烦恼呢？让我们一起来开一个"金点子交流会"吧！

书本的苦恼
1. _____
2. _____
3. _____
4. _____
5. _____

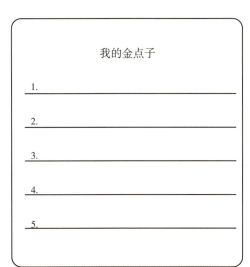

我的金点子
1. _____
2. _____
3. _____
4. _____
5. _____

包书皮护封面，保护书籍第一招。

不乱涂不乱画，慢慢翻来仔细瞧。

不损坏不折角，分类整理爱护好。

护书本靠大家，文明阅读有礼貌。

保护书本快行动，常通风，常晾晒，防止发霉和受潮。

夫所以读书学问，本欲开心明目，利于行耳。——颜之推

活动三：护书我能行

同学们，每学期我们都要发很多新课本。它们是我们学习的好伙伴，我们要像爱护自己的好朋友一样爱护它们呀！接下来，就让我们一起学习如何包书皮吧！

第一步：把需要包书皮的课本拿出来展开，书脊对准书皮的中线，将书皮对着课本的上下左右压出折痕，然后沿着书脊上下边缘整齐地剪出凹槽。

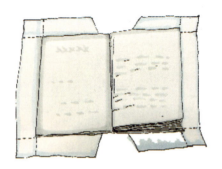

第二步：把书皮左右两边多出来的部分向书本内侧折叠。

第三步：用剪刀把上下多余的边边角角剪掉，只剩下需要的部分。

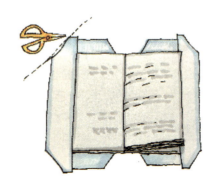

第四步：用书皮的左半部分包住书本的封面，将书皮左侧边上多出的部分向下折，塞入书皮与封皮的空隙之中。

第五步：对封底进行和第四步一模一样的操作，然后用手轻轻对着折痕压实。

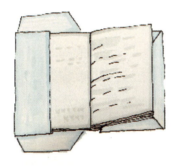

第六步：对边用力折上，新书皮就包好了。

 同学们，包好书皮后不要忘了写好书名、姓名、班级等信息哦！大家还可以美化创作，让自己的书皮变得更漂亮呦。

养心莫若寡欲，至乐无如读书。——郑成功

能力提升

　　爱护书籍，人人有责；保护书籍，从我做起！同学们，请你运用今天学到的知识，和爸爸妈妈一起开展"护书我能行"实践活动，请他们帮助你记录活动过程，完成"护书我能行"实践活动记录表。

"护书我能行"实践活动记录表

实践时间：　　　实践地点：　　　参与人员：　　　班级：

护书照片

以学导行

你学会护书小妙招了吗？请根据表现在自评和家长评两个栏目里涂上自己喜欢的颜色吧！

护书小妙招	自评	家长评
包书皮护封面	☆☆☆☆☆	☆☆☆☆☆
不乱涂不乱画	☆☆☆☆☆	☆☆☆☆☆
不损坏不折角	☆☆☆☆☆	☆☆☆☆☆
慢慢翻看	☆☆☆☆☆	☆☆☆☆☆
分类整理	☆☆☆☆☆	☆☆☆☆☆

以学助行

　　在图书馆中，我发现了不爱护书籍的现象，便把护书小妙招传授给他/她，并请爸爸妈妈帮我记录下来。

不文明现象

我这样帮助他/她

一日无书，百事荒芜。——陈寿

图书馆传送门

南京图书馆

南京图书馆前身为1907年创办的江南图书馆，1954年7月被正式命名为南京图书馆。1998年南京图书馆大行宫馆区正式立项，2007年实现全面开放。图书馆建筑面积约7.8万平方米，设有20个阅览室，4 000余个阅览座位。截至2022年年底，南京图书馆藏书总量超过1 280万册，仅次于国家图书馆和上海图书馆，位居全国第三。其中古籍160万册，包括善本14万册，民国文献70万册，已有631种入选国家珍贵古籍名录。

法国国家图书馆

法国国家图书馆是法国最大的图书馆，也是屈指可数的世界大型图书馆之一。其历史可上溯至查理五世为收藏历代王室藏书而建立的国王图书馆。后经弗朗索瓦一世在枫丹白露重建，称皇家图书馆。

读书到最后，是为了让我们更宽容地去理解这个世界有多复杂。——梁文道

第四站

图书馆公约

同学们，在班级里，为了规范大家的行为，我们制订了班级公约。在公园和小区里，有文明公约。在图书馆里，也有图书馆公约。让我们跟随迎迎和春春一起去了解一下吧！

学习之旅

活动一：我有亮眼睛

同学们，你是否在班级图书角、学校图书馆里看到过下图中显示的情况？你在借书、读书、还书的过程中还发现了哪些问题呢？把你的发现在表格中归类整理出来。

	我发现的问题
借书	
读书	
还书	

人之气质，由于天生，本难改变，惟读书则可以变其气质。——曾国藩

活动二：认识图书馆公约

图书借阅存在这么多问题，我们要想个办法来提醒大家。

我在图书馆里看到过这样的《图书馆公约》，上面就有关于怎样借阅图书、怎样爱护图书、怎样还书的内容。

图书馆公约

1. 本馆实行免证免费阅览、开架取阅、凭证外借的服务方式。

2. 请遵守社会公德和图书馆规章制度，爱护馆内文献资源及各类设施设备，做文明读者。

3. 请自觉维护馆内公共环境卫生，不要乱丢垃圾，勿将食品和有色饮料带入阅览区。

4. 请您在电脑检索台查找馆藏书目信息，在相应的阅览区，按分类排架号取阅，阅读后放回原处。

5. 爱惜图书，不在书上乱涂乱画，不撕破图书，如不慎损坏图书，请主动与工作人员联系。

6. 携带我馆书刊离馆，请到借阅服务处办理外借手续。

7. 外借图书请在规定时间内归还，逾期需缴纳逾期费。

哦，我知道了，《图书馆公约》就是为了让大家养成文明借书、还书，爱护书籍的习惯而制订的。我一定要遵守！

生活里最快乐的事是聊天，而读书是最精致的聊天。——张晓风

活动三：制订公约有方法

> 春春，我发现我们学校的弘文馆还没有《图书馆公约》呢。我们来帮忙制订一份吧！

> 好啊，在活动一中，我们已经梳理了学校中借书、读书、还书出现的问题。现在，我们就从这三个方面来讨论解决办法吧！

问题汇总		解决办法
借书	1	
	2	
	3	
读书	1	
	2	
	3	
还书	1	
	2	
	3	

> 根据讨论的内容，我们就可以来制订《图书馆公约》啦。

《图书馆公约》的形式多样，可以分条写出我们的约定，还可以编成顺口溜哦。

图书馆公约

1. 入馆保持安静，不大声喧哗。
2. 保持环境卫生，不随意丢弃杂物。
3. 衣着得体，注意形象。
4. 爱护图书，轻拿轻放，不乱涂乱画。
5. 阅读区不抢占座位，电子设备静音，不食用食品。
6. 按需取书，不多拿乱拿。
7. 按规章制度借阅图书，按期归还。

分条式

图书馆公约

爱读书，爱护书，不撕不扯不乱画。
文明借书有秩序，不推不挤要谦让。
按时归还要牢记，注意不要超日期。
人人都当管理员，图书本本展笑颜。

顺口溜式

读而未晓则思，思而未晓则读。——朱熹

同学们，相信聪明的你还可以想出更多的形式。大家一起来为弘文馆制订《图书馆公约》吧！

还要提醒大家写公约的格式哦：

开头正中写标题，

正文内容要具体，

署名写在右下角。

能力提升

最美公约大家评

小组合作，制作一份《图书馆公约》并装饰美化，班级评选出"最美公约"。

对照公约评一评

对照自己制订的公约，看看自己或身边的同学有没有做到公约上的内容。

学固不在乎读书，然不读书则义理无由明。——朱熹

图书馆传送门

北京大学图书馆

北京大学图书馆成立于1898年，是中国最早的现代新型图书馆之一，是一座资源丰富、现代化、综合性、开放式的研究型图书馆。北京大学图书馆不仅馆藏丰富，而且群星璀璨。毛泽东、李大钊、章士钊、顾颉刚、袁同礼、向达等名人学者曾在北京大学图书馆工作，蔡元培、蒋梦麟、胡适等校长留下了关心北京大学图书馆发展的佳话。他们都为北京大学图书馆的发展做出了重大贡献。

纽约公共图书馆

纽约公共图书馆是美国最大的市立公共图书馆，1895年由阿斯特图书馆、伦诺克斯图书馆和蒂尔登信托公司合并而成。1911年竣工的宫殿式馆舍建筑具有新古典主义风格。图书馆门前台阶两侧有两个石雕卧狮，南侧的石狮名为忍耐，北侧的石狮名为坚强。一个多世纪以来，两只石狮一直守卫着这座建筑。馆藏中有英美文学名著的最早版本、知名作家的手稿及其他珍贵的古籍资料。

读书之法无他，惟是笃志虚心，反复详玩，为有功耳。——朱熹

第五站

了解书的结构

读一本好书就等于交了一位良师益友。同学们有认真观察过自己的图书吗？书是由哪些部分构成的呢？让我们跟随迎迎和春春一起去了解书的结构，从中获取更多知识吧！

学习之旅

活动一：书的结构我知道

　　同学们分成小组，在图书馆中任选六本图书，认真观察每本图书的结构，比一比它们有什么相同点和不同点，将发现记录下来。

相同点	不同点
1.每本书都有封面	1.有些书有勒口，有些书没有

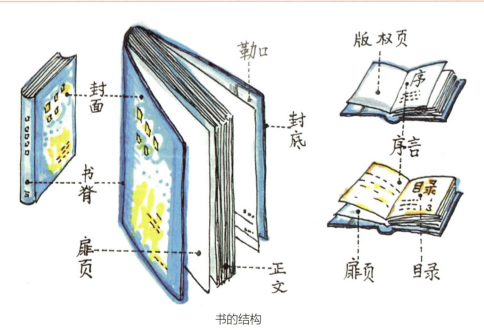

书的结构

我知道了，原来书的外部结构中包括封面和书脊。

我知道书的封面就是书最外面的一层，它记载了很多信息，如书名、卷、册、作者、出版社等。可是，书脊是什么呢？

书脊就是连接封面和封底的部分，就像书的脊柱。封面和书脊上都有书名、作者、出版社等关键信息。

那一本书的内部结构都由哪些要素构成呢？

书的内部结构包括扉页、版权页、序言、目录、正文等要素。

迎迎，你可太棒了！

读书不知味，不如束高阁。蠹鱼尔何如，终日食糟粕。——袁枚

活动二：书的结构我来选

迎迎和春春想要考考你是否真的了解书的结构，快来挑战吧！

1.选择你认为正确的答案。

1.连接封面和封底的部分叫（　　）。

　　A.书脊　　　B.版权页　　　C.序言　　　D.目录

2."一分钟看完一本书"要看（　　）。

　　A.书脊　　　B.版权页　　　C.序言　　　D.目录

3.书的"身份证"指的是（　　）。

　　A.书脊　　　B.版权页　　　C.序言　　　D.目录

4.书的哪些部分会同时出现书名、作者，请在下面选项中圈出来。

　　封面　书脊　版权页　序言　扉页　正文　目录　封底

2.连一连。

预知内容找页码，书籍概览全靠我　　　　正文

出版信息我清楚，图书分类快又妥　　　　序言

写作意图要问我，专家点评一看知　　　　书脊

我是书籍脊梁骨，立在书架给提示　　　　目录

书中属我最精彩，其他书页难取代　　　　版权页

我与封面真相似，书的入口和序曲　　　　扉页

读书贵神解，无事守章句。——徐洪钧

活动三：买书我来出主意

春春去书店买书，遇到了一些难题。大家能帮帮她吗？

情境一：春春来到书架前，发现有很多版本的《安徒生童话》。她需要在书架上快速找到春天出版社出版的《安徒生童话》，应该怎么做呢？

情境二：春春找到春天出版社的《安徒生童话》后，想要先看看老师推荐的《丑小鸭》一文，怎样才能快速找到呢？

读书欲精不欲博，用心欲专不欲杂。——黄庭坚

情境三：春春发现她想要买的《小狗的小房子》有许多不同版本。她应该怎么选出想要的版本呢？

情境四：春春想知道《小狗的小房子》的价格。她该怎么办呢？

能力提升

同学们，弘文图书馆馆长发起了"我是图书代言人"招募活动，快去看看吧！

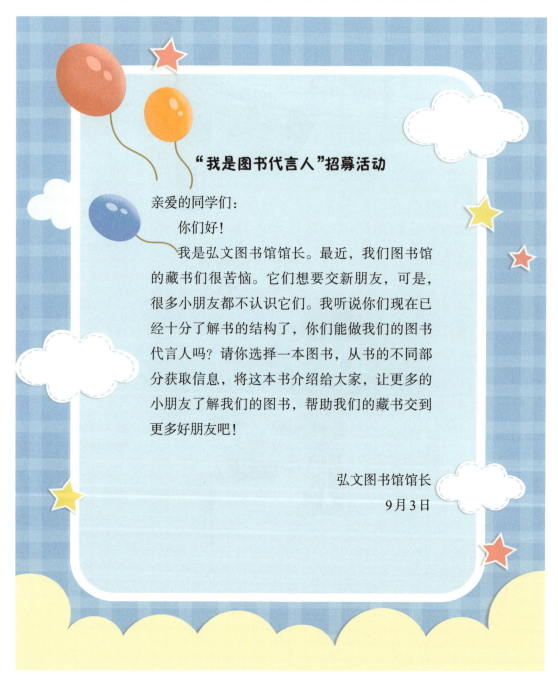

"我是图书代言人"招募活动

亲爱的同学们：

　　你们好！

　　我是弘文图书馆馆长。最近，我们图书馆的藏书们很苦恼。它们想要交新朋友，可是，很多小朋友都不认识它们。我听说你们现在已经十分了解书的结构了，你们能做我们的图书代言人吗？请你选择一本图书，从书的不同部分获取信息，将这本书介绍给大家，让更多的小朋友了解我们的图书，帮助我们的藏书交到更多好朋友吧！

弘文图书馆馆长

9月3日

图书馆传送门

重庆图书馆

　　重庆图书馆位于重庆市沙坪坝区，是中国大型综合性公共图书馆，是重庆市主要的文献信息收集交流和服务中心，也是首批全国古籍重点保护单位、国家一级图书馆、全国文明单位。它的前身是于1947年设立的"国立罗斯福图书馆"，是当时中国仅有的五个国立图书馆之一。重庆图书馆现在馆藏文献460多万册（件），并已形成民国时期出版物、古籍线装书、联合国资料三大馆藏特色。

亚历山大图书馆

　　亚历山大图书馆位于地中海南岸的埃及亚历山大，是世界上最古老的图书馆之一。馆内收藏了贯穿公元前400年至前300年时期的手稿，拥有最丰富的古籍收藏，曾经同亚历山大灯塔一样驰名于世。可惜的是，这座举世闻名的古代文化中心，却于公元415年被战火吞没。如今的亚历山大图书馆于2002年建成，矗立在托勒密王朝时期图书馆的旧址上，俯瞰地中海的海斯尔赛湾。无论从哪个角度看，图书馆主体建筑都像是一轮斜阳。外围花岗岩质地的文化墙上，镌刻着包括汉字在内的世界上50种古老语言的文字、字母和符号，凸显了文明蕴藏与文化氛围。

读书多了，容颜自然改变。——三毛

图书分类我能行

　　图书分类不仅能帮助我们整理好书籍，更能有针对性地帮助我们查找需要的资料。接下来，就让我们跟随迎迎和春春一起去了解图书分类的知识吧！

学习之旅

活动一：图书馆的奥秘

同学们，我们已经去过很多次图书馆了。那里的书成千上万，却整齐有序。每次我们都能很快找到自己需要的书。你发现其中的奥秘了吗？

我国的图书馆大多按照《中国图书馆分类法》对藏书进行分类。这样既方便图书馆管理藏书，也便于读者借阅。

读书来自生命中某种神秘的动力，与现实利益无关。——北岛

活动二：探索图书馆

同学们，很快我们就要一起去完成一次特别的学习任务了。在任务开始前，希望你能亲自去探索图书馆，观察图书馆的图书分类，填写"图书分类我能行"观察记录表，再和同学们交流你的探索发现吧！

"图书分类我能行"观察记录表

序号	类别名	分类号（字母）	类属图书举例
示例	马克思主义、列宁主义、毛泽东思想、邓小平理论	A	《毛泽东智慧》
1			
2			
3			
4			
5			
6			
7			

饭可以一日不吃，觉可以一日不睡，书不可以一日不读。——毛泽东

图书分类法是按照图书的内容、形式、体裁和读者用途,运用知识分类的原理,采用逻辑方法,将所有学科的图书按其学科内容分类。

《中国图书馆分类法》现为第五版,包括马克思主义、列宁主义、毛泽东思想、邓小平理论,哲学、宗教,社会科学,自然科学,综合性图书5大部类,22个基本大类。

《中国图书馆分类法》大类简介

马克思主义、列宁主义、毛泽东思想、邓小平理论

A 马克思主义、列宁主义、毛泽东思想、邓小平理论

哲学、宗教

B 哲学、宗教

社会科学

C 社会科学总论	D 政治、法律
E 军事	F 经济
G 文化、科学、教育、体育	H 语言、文字
I 文学	J 艺术
K 历史、地理	

自然科学

N 自然科学总论	O 数理科学和化学
P 天文学、地球科学	Q 生物科学
R 医药、卫生	S 农业科学
T 工业技术	U 交通运输
V 航空、航天	X 环境科学、安全科学

综合性图书

Z 综合性图书

活动三：图书分类我能行

听了迎迎和春春的介绍，你学会图书分类法了吗？图书馆来了一批新书，你能帮图书馆管理员将这些书放入对应的书架吗？请你根据《中国图书馆分类法》，按照图书分类"三步曲"，分类整理新书，并进行编号。

图书分类"三步曲"

第一步，分。根据图书在版编目（CIP）数据确定图书分类。

第二步，编。根据类别写字母，再按顺序编写序号，登记在册。

第三步，贴。将编号写在标签上，分别贴在书脊与书内页。

我发现每本已出版的图书都有自己的图书在版编目数据，上面明确写出了它的类别。

我还发现有些书的在版编目数据在前面，有些书的在底页或封底。

如果同类图书较多，我们就要注意编号的位数。如果有几十本，就使用两位数，从01开始编号；如果预计要上百本，就使用三位数，从001开始编号。

我们还可以在编号下面写上登记日期呢！

活动四：图书分类我来评

同学们，你学会图书分类了吗？请你展示图书登记表，说说自己的分类过程，并让同学帮你评价一下，完成"图书分类我能行"五星评价表吧！

能力提升

请你运用今天学到的图书分类的方法与步骤，对家庭图书角的图书进行分类整理，完成"图书分类我能行"实践活动记录表。

"图书分类我能行"实践活动记录表

实践时间：　　　　实践地点：　　　　参与人员：　　　　班级：

图书分类
照片

请你根据图书分类时的步骤，绘制图书分类流程图。

我的感受与收获

图书馆传送门

山东省图书馆

　　山东省图书馆创建于1909年，是中国十大图书馆之一，以历史悠久、馆藏丰富而著称。山东省图书馆包括总馆、国学分馆、山东省少年儿童图书馆（对内称"少儿部"）三个馆区。截至2021年年底，山东省图书馆馆藏纸质文献资源达946万册（件），音视频资源总量达14 574千小时，电子文本、图片文献资源年总量447.9TB。

维多利亚州立图书馆

　　维多利亚州立图书馆位于澳大利亚墨尔本市中心，是澳大利亚最早成立的公共图书馆，于1856年正式开放。这座图书馆藏书200多万册，图片、地图、手稿等其他资料70多万件。维多利亚州立图书馆以其建于1913年的大圆顶阅览室著称，其整体为对称式圆顶框架结构，顶窗为八边形，延伸至主梁，像一朵含苞待放的花朵。图书馆前放置了两副巨大的国际象棋，总会有爱好者们在此切磋，或静静观摩。

第七站

快速查找图书

同学们，在浩瀚的书海里怎样快速找到一本自己想看的书呢？让我们跟随迎迎和春春一起去了解快速找书的方法吧！

学习之旅

活动一：看图了解书目检索

春春，图书馆里这么多书，我怎样才能找到想看的那本书呢？

这不难，在图书馆里，都有这样的公共查询电脑，我来教教你怎么使用吧！

请一边看一边想：图书馆里书目检索的步骤有哪些呢？

1.找到图书馆里的公共查询电脑，打开"四川省中小学图书信息化管理系统"，找到"馆藏查询"页面。

2.在"书名"搜索栏输入你想找的书的名字，单击"查询"按钮。

3.在搜索结果中我们可以看到你想找的书的索书号、所在图书馆及位置、在馆图书册数等信息，用纸、笔抄下索书号。

4.根据图书馆示意图和查询到的索书号，便能找到想找的书。

现在你能总结出"书目检索"的方法了吗？

点击"馆藏查询"→输入书名→记下索书号→寻找书籍

如果不读书，行万里路，也只是个邮差。——钱钟书

活动二：小组讨论其他快速找书的方法

1.要想快速找书，除了书目检索的方法，你还知道其他哪些方法呢？小组讨论。

2.分组汇报，归纳整理。

让我们一起来看看迎迎和春春的小妙招吧！

可以利用图书馆里书架上面的类别标签快速找书。每一个书架上都会有一个类别标签，你可以根据类别标签快速找到你所需要的那本书所在的书架，然后在书架上寻找。

还可以向管理员咨询。管理员对图书馆里面的书籍情况比较了解。你可以直接向管理员咨询，通过管理员的指导，快速找到你想要的书。

可以提前预约借阅书籍。图书馆大多都有提前预约借阅的服务。如果你不想花费时间去慢慢寻找自己想要的书籍，那么就直接提前预约借阅，让管理员帮你把书准备好，然后直接去管理员处取书就行了。

还可以向图书馆里的借阅者咨询。同样是借阅者，有些人去的次数比较多，对图书馆里的书籍摆放位置比较熟悉。你可以向他们咨询，运气好的话会遇到给你明确指示的人，这样会大大减少找书的时间。

当然，随着社会的发展，我们除了可以查询到纸质图书之外，还可以查询到电子书，甚至还能听书呢！

士欲宣其义，必先读其书。——王符

能力提升

我能行：在图书馆快速找到自己想看的书

同学们，通过上面的活动，我们知道了在图书馆快速找到自己想看的书有多种方法。请你运用今天学到的知识，和爸爸妈妈一起去图书馆找书，并请他们帮助你记录整个过程，完成"快速查找图书"实践活动记录表。

"快速查找图书"实践活动记录表

实践时间： 实践地点： 参与人员： 班级：

找书的照片

以学导行

你能快速找到你想要的图书吗？请根据表现在自评和家长评两个栏目里涂上自己喜欢的颜色吧！

快速查找图书	自评	家长评
能用正确方法查找图书	☆ ☆ ☆ ☆ ☆	☆ ☆ ☆ ☆ ☆
能快速找到想要的图书	☆ ☆ ☆ ☆ ☆	☆ ☆ ☆ ☆ ☆

以学助行

在图书馆，我看到有小朋友不会找书，就教给他/她快速找书的方法，并帮他/她找到了想找的图书。我请爸爸妈妈帮我记录下来。

不敢妄为些子事，只因曾读数行书。——吕思诚

图书馆传送门

四川省图书馆

四川省图书馆始建于1912年，是我国成立较早的公共图书馆之一，是国家一级图书馆、四川省总书库、全国文化信息资源共享工程四川省分中心。四川省图书馆新馆位于成都市青羊区，于2015年12月26日开馆运行。图书馆外观似汉代书阙，两阙之间的台阶式中庭象征"知识的阶梯"。截至2021年年底，四川省图书馆拥有580余万册藏书，其中古籍（含民国文献）53万册，本地存储数字资源达258TB。

马夫拉图书馆

葡萄牙马夫拉图书馆位于豪华的皇家宫殿马夫拉宫的修道院内，长88米，呈十字形，是世界上最长的修道院图书馆。在这里有大约4万册罕见的藏书，大多数书籍是17、18世纪的。每当夜深人静的时候，有一群神秘的"读者"穿梭在书架之间，向那些有可能对书籍造成损害的小虫发起攻击。它们便是马夫拉图书馆的守护神——蝙蝠。

书不成诵，无以致思索之功；书不精读，无以得义理之益。——胡达源

第八站

图书馆的一天

同学们，你们想知道图书管理员是怎样工作的吗？现在就让我们跟随迎迎和春春一起去体验一下吧！

学习之旅

活动一：我是图书小记者

　　同学们，你们想知道图书管理员的工作内容是什么吗？你们想成为一名优秀的图书管理员吗？现在，请你们化身小记者，前往图书馆采访图书管理员吧！这里为你们准备了一个采访提纲。当然，你们也可以试着自己写一写采访提纲。

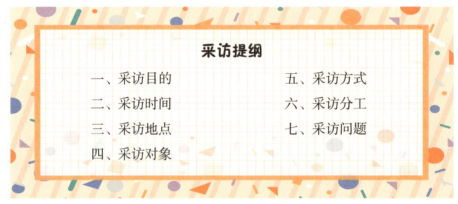

采访提纲

一、采访目的　　　　五、采访方式

二、采访时间　　　　六、采访分工

三、采访地点　　　　七、采访问题

四、采访对象

通过采访，我知道了，原来图书管理员的分工这么明确。大家都各司其职！

迎迎，那你知道他们有哪些分工吗？

他们的工作分为咨询服务、借阅引导、借阅登记和阅览区管理。

图书管理员的工作真不简单呀！

活动二：小小图书管理员

今天，迎迎和春春早早地来到图书馆，开启他们的新身份。瞧瞧，他们当上图书管理员啦！

咨询服务

友好接待　　　　　　　咨询问答　　　　　　　介绍图书馆

借阅引导

查询书籍　　　　　　　帮忙找书　　　　　　　推荐书籍

借阅登记

借书　　　　　　　　　　　　　　　　　还书

阅览区管理

文明提醒　　　　　　　　　　　　　　　书籍整理

为学之道，莫先于穷理；穷理之要，必在于读书。——朱熹

活动三：管理工作我能行

同学们，看了迎迎和春春一天的工作，你们清楚图书管理员要做哪些工作了吗？每项工作又有什么要求呢？请和小伙伴讨论一下，写在下面的空白处。

图书管理员一定要熟悉借书、还书的操作流程哦！

外物之味，久则可厌；读书之味，愈久愈深。——程颐

能力提升

　　在图书馆读书是一件幸福的事，可是图书管理员的工作并不轻松。同学们，你可以尝试到学校图书馆或者社区图书馆做一天志愿者，请爸爸妈妈帮你把志愿服务的过程拍摄下来，完成"图书馆的一天"实践活动记录表。

"图书馆的一天"实践活动记录表

实践时间：　　　　实践地点：　　　　参与人员：　　　　班级：

志愿服务照片

我的感受与收获

劝君莫将油炒菜，留与儿孙夜读书。——《增广贤文》

图书馆传送门

天津图书馆

天津图书馆始建于1908年，是国家一级图书馆、首批全国古籍重点保护单位。天津图书馆拥有文化中心馆、复康路馆、海河教育园馆、贵州路梦娃绘本馆4个馆所，总建筑面积13.2万平方米。2018年12月，天津图书馆被中国图书馆学会公布为"2017年全民阅读先进单位"。天津图书馆有善本古籍8 000余部，列入全国善本总目的有  2 563部，如岳飞之孙岳珂著、南宋临安陈家书籍铺刻本《棠湖诗稿》为中国仅有，同时还有以著名藏书家周叔弢捐赠为主的活字版图书700余部。

爱尔兰圣三一学院图书馆

圣三一学院图书馆位于爱尔兰都柏林，是爱尔兰历史最悠久的图书馆，于1592年由伊丽莎白一世下令建造。这座图书馆不仅外观宏伟壮观，还是世界上最大的单室图书馆。同时，它以藏有超过20万册古老书籍的"长厅"而闻名，收藏有凯尔斯经、杜若经等爱尔兰经典作品。长厅里还收藏着一把爱尔兰最古老的橡木竖琴。橡木竖琴是15世纪时爱尔兰的典型象征。

读书之法，在循序而渐进，熟读而精思。——朱熹

第九站

我最心仪的图书馆

　　同学们，你们一定去过不少图书馆吧！有没有哪一个图书馆让你们流连忘返？这一站，我们就跟迎迎和春春一起来聊聊最心仪的图书馆吧。

学习之旅

活动一：我知道的图书馆

　　先听听迎迎和春春介绍他们去过的图书馆，再写一写你去过哪些图书馆，这些图书馆有哪些地方吸引你。

要说去过的图书馆，肯定先说我们学校的弘文馆啦！弘文馆可漂亮啦！整齐的书架上摆放着琳琅满目的书籍，有文学类、历史类、百科类……这些书都非常吸引我！每天我都会约上我的好朋友来这里看书，在书海里畅游，别提多高兴了！

我去过一个特别的图书馆——青浦图书馆。这座图书馆是建在水上的！有图有真相哦！这个图书馆非常安静，阅读环境很棒！图书馆外面有一圈跑道，阅读累了可以去运动运动。这里的夜景也非常漂亮！我可喜欢啦！

读过一本好书，像交了一个益友。——臧克家

我也来写一写：

活动二："心仪图书馆"推荐会

同学们，你们去过很多图书馆，其中一定有最心仪的图书馆吧。那怎样把你喜欢的图书馆介绍给大家呢？怎样介绍才更有条理，让大家也和你一样喜欢它呢？

我知道推荐一个好地方应该从四点入手：①按一定顺序；②抓住特点；③重点部分详写；④抒发内心情感。

我先来推荐。我要推荐的是四川省图书馆。它位于成都市青羊区，是中国成立较早的公共图书馆之一。它还是国家一级图书馆，四川省总书库。四川省图书馆外形很壮观。当你走进馆内，一股浓浓的书香扑鼻而来。馆内装饰线条流畅，舒适明快。走上二楼就正式进入了书海。这里的书籍按照不同的分类方式分别摆放。每天都有很多人来看书学习。我最喜欢在一楼儿童阅览室看书。在这里，除了能看到我喜欢的书籍，还能参观张大千馆藏。我经常和爸爸妈妈一起去四川省图书馆看书。在那里我不仅可以学到知识，还能充实生活。它可是我课外阅读的好去处呢！听了我的介绍，你是不是也想去看看呢？

听完你的介绍，我也好想去打卡呢！同学们，赶紧用上这些推荐方法，把你最喜欢的图书馆介绍给小伙伴吧！

你推荐的图书馆名称	
它在哪里	
它有什么特别之处	
推荐理由	

活动三：我是图书馆设计师

了解了许多不一样的图书馆之后，我们自己的"图书馆"开始动工啦！

热爱阅读、创意多多的你，快来设计你心中的图书馆吧！

我的图书馆馆名：

图书馆藏书大调查：（你会放入哪些书籍呢？会怎么分类呢？）

我的图书馆特色：

我来介绍我的图书馆：

阅读的最大理由是想摆脱平庸，早一天就多一份人生的精彩，迟一天就多一天平庸的困扰。——余秋雨

能力提升

推荐了这么多图书馆，其中一定有你最喜爱的。请你自主选择1~2个喜欢的图书馆，周末时去实地游览；游览结束后，向爸爸妈妈推荐你心仪的图书馆，并请他们记录整个过程，完成"我心仪的图书馆"实践活动记录表。

"我心仪的图书馆"实践活动记录表

实践时间：　　　　实践地点：　　　　参与人员：　　　　班级：

图书馆
实地打卡

以学导行

你学会了如何推荐心仪的图书馆吗？请根据表现在自评和家长评两个栏目涂上自己喜欢的颜色吧！

我心仪的图书馆	自评	家长评
能按一定顺序进行介绍	☆ ☆ ☆ ☆ ☆	☆ ☆ ☆ ☆ ☆
能抓住特点、重点详细介绍	☆ ☆ ☆ ☆ ☆	☆ ☆ ☆ ☆ ☆

以学助行

用照片、文字介绍、游记、手绘地图等形式介绍你心仪的图书馆。

读书有三到，谓心到，眼到，口到。——朱熹

图书馆传送门

广东省立中山图书馆

　　广东省立中山图书馆是国家一级图书馆，创设于1912年，前身是明代羊城胜迹"南园"，后为清代广雅书局藏书楼。图书馆现有文明路总馆、文德路分馆和文明路主题馆3个馆区。文明路总馆位于广州市越秀区文明路213号，总面积有4万多平方米，其中设有15种类型的30多个阅览室；文德路分馆位于广州市文德路81号原广府学宫后段，是广州市重点文物保护单位，原为广州市立中山图书馆、孙中山文献馆，如今是广东省立中山图书馆少儿部；文明路主题馆围绕"智慧、人文、时尚、休闲"的主题建设规划，于2023年6月18日开放服务，设美好生活馆、科普主题馆、信息素养空间、艺术主题馆等特色区域。截至2022年年底，广东省中山图书馆馆藏文献总量约970万册，古籍藏量约44万册。

乌德勒支大学图书馆

　　乌德勒支大学图书馆位于荷兰乌德勒支大学内，由威尔·阿瑞兹设计。这座图书馆的特别之处在于它的颜色，馆内配红色的家具，主色调为黑色。窗户的玻璃上刻有草的图案，光线照进来，不仅让人想起田园生活，还会想到造纸用的材料。这个肃穆的图书馆以其冷静的内部环境为读者提供了一种完全不同的阅读氛围。

熟读唐诗三百首，不会作诗也会吟。——孙洙

给馆长的一封信

在图书馆，我们既是探索未知的阅读者，也是遨游书海的小小体验官。看着学校美丽而精致的图书馆，迎迎和春春的心里充满了自豪，同时也有一丝期待。究竟迎迎和春春期待的图书馆有哪些不一样的地方呢？让我们一起去看看他们写给图书馆馆长的一封信吧！

学习之旅

活动一：小小问题我来找

　　迎迎和春春回忆起自己去过的图书馆，发现了下面一些小问题。请你仔细观察学校的图书馆，是否也存在这些问题。

　　请你在观察到的问题后面打"√"。

书籍摆放：书籍没有分类摆放（　　）　　　书籍摆放不整齐（　　）

书籍保养：书籍丢失（　　）　　　　　　　书籍损坏（　　）

阅读环境：阅读空间小（　　）　　　　　　阅读照明不足（　　）

阅读管理：书籍借阅不规范（　　）　　　　文明劝导不及时（　　）

　　你还发现了什么问题呢？

我观察到的其他问题：

读不在三更五鼓，功只怕一曝十寒。——郭沫若

活动二：解决方法我来想

针对活动一中提出的问题，谈谈自己的解决办法。

> 站在馆长的角度，该怎么解决这些问题呢？

> 举个例子，想要解决书籍摆放不整齐的问题，我们可以规定在还书时及时整理书架，并且定期对书籍的摆放情况进行巡视。

我要解决的问题：

我想到的好办法：

活动三：美化建议我来写

"图书馆美化行动"即将开始，让我们整理一下搜集到的所有资料，给馆长写一封信。相信有了我们的好点子，图书馆会越来越完美！

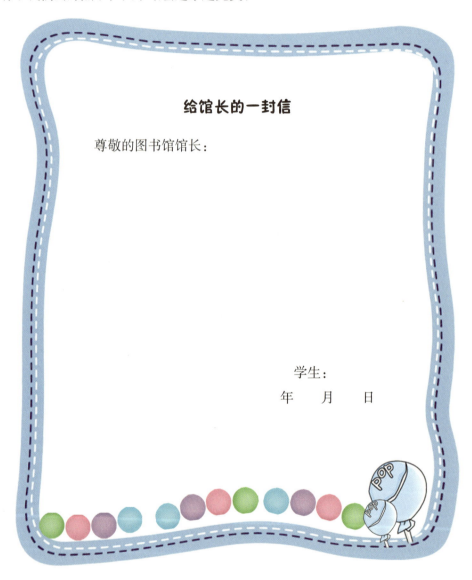

给馆长的一封信

尊敬的图书馆馆长：

学生：

年　月　日

能力提升

距离馆长收到信件只差最后一步了。请你按照正确的格式，完成信封的设计。

为了让馆长优先读到我的信，我要把信封设计得漂亮些！

小朋友，要注意信封的格式哦！

图书馆传送门

陕西省图书馆

陕西省图书馆成立于1909年，是我国成立较早的公共图书馆之一，也是我国西部地区成立最早的公共图书馆。截至2022年年底，馆藏总量累计599.5万余册（件），其中图书484万余册，古籍32.8万余册，报刊69万余册，另有电子图书400万余册，视听文献、缩微制品等

其他文献16万余册。陕西省图书馆形成西大街馆区、长安路馆区、高新馆区"一城三馆，老中青三代"的格局。西大街馆区是少年儿童分馆，现有馆藏少儿文献3万余册，专门为少年儿童提供借阅服务，开展少儿阅读推广活动。

斯图加特市立图书馆

斯图加特市立图书馆位于德国斯图加特市欧盟区发展中心区，于2011年10月24日德国全国性的"图书馆日"正式对外开放。建筑外观呈立方体，内部采用中空设计，书柜放置在四周，中空部分用错位的楼梯连接，营造出独特的空间感和设计感。由于图书馆夜晚的灯光效果为蓝白色，外观看上去就像一个巨大

而复杂的魔方，因此又被称为"书魔方"，是当地的文化名片和众多游客的"打卡"地点。

书，我的良师益友，它给我知识、力量，它指导我怎样去生活和斗争。——吴运铎

第十一站

举办新书发布会

　　阅读，不仅可以丰富我们的童年，而且应该伴随我们的一生。同学们，让我们来和迎迎、春春一起举办一场新书发布会吧，让更多的人走进图书馆，阅读书籍，用书香开启未来，共同追寻读书之乐。

学习之旅

活动一：活动准备我知道

　　多读一本书就多开一扇思维的窗。学校图书馆上架了许多新书，让我们开动脑筋，集思广益，在4月23日世界读书日这天，在学校图书馆举办一场新书发布会吧！

举办新书发布会可以让更多的同学走近书，了解书，喜欢阅读。

我们首先应该根据阅读主题为新书发布会取一个响亮的名称，比如"悦读吧！少年"。

同学们，你们认为举办新书发布会还应该提前做些什么呢？和小伙伴们一起讨论、交流一下吧！

新书发布会准备

1. 定好主题。
2. 设计宣传海报。
3. 做好场地布置。
4. 明确活动分工。

书给人以优点，人从书中得益。——陈伯吹

"悦读吧！·少年"

同学们：

　　大家好！学校图书馆又来新书啦！我们将在4月23日举行创意新书发布会，欢迎你们的参与。大奖等你们来拿哦！

弘文图书馆馆长

4月20日

请为图书馆的新书发布会设计一张宣传海报吧！

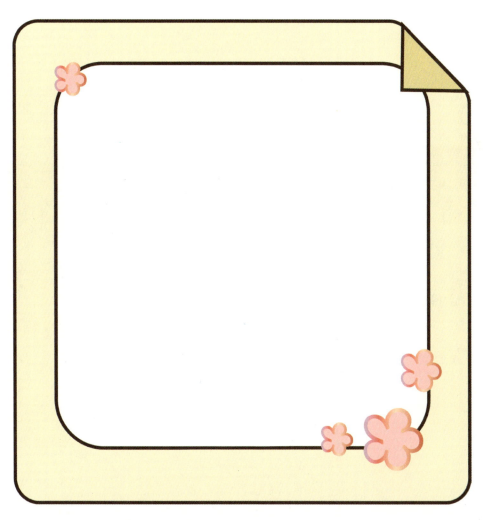

书籍是造就灵魂的工具。——维克多·雨果

活动二：新书发布我创意

在图书馆里举行新书发布会，能极大地调动同学们参与阅读的积极性。让我们来设计一场新书发布会，写下自己的新书推广创意吧！

我想把新书里的内容做成简洁的书签展示给同学们看！真希望我的创意能胜出啊！

我想跟同学合作，根据书的内容做一些漂亮的读书手抄报！让我们来跟同学们比一比谁能吸引更多的同学走进图书馆阅读！

同学们，快来开启你们的精彩创意吧！

我的新书推广创意

1. 给新书们摆一个靓丽的造型。

2. 给低年级的小朋友当领读员。

3. 根据新书的内容，进行角色扮演。

4.

5.

如果把生活比喻为创作的意境，那么阅读就像阳光。——池莉

活动三：推广之星我来选

同学们都发挥了自己的创意，设计了新书发布会。到底谁的新书发布会设计得既新颖又丰富呢？让我们投票选出最棒的推广之星吧！

能力提升

　　同学们的创意都好棒啊！通过投票我们选出了最棒的新书发布会设计方案，请同学们一起来按照设计方案举办新书发布会吧，让更多的同学走进图书馆，让更多的人爱上阅读！请在下面贴上你参加活动的照片吧！

读书给人以乐趣，给人以光彩，给人以才干。——弗朗西斯·培根

图书馆传送门

苏州大学炳麟图书馆

苏州大学图书馆共有4个分馆，分布于4个校区，其中炳麟图书馆位于苏州大学独墅湖校区。炳麟图书馆形似"水晶莲花"，由著名的实业家、美籍华人唐仲英先生捐助，并以其父亲的名字命名。炳麟图书馆内的设计也很有个性，图书馆地上八层，地下一层，空间宽阔，观光电梯像胶囊一样，有太空舱的感觉。图书馆藏书约100万册，收藏以人文艺术类、古籍特藏类书刊为主，以化学化工、生物医学等类见长。

加拿大国会图书馆

加拿大国会图书馆位于加拿大首都渥太华，是加拿大一个重要的建筑地标，并且出现在面值为10的加元纸币上。这座图书馆的灵感来自大英博物馆的阅览室，以哥特式建筑风格建造，总面积约为15.7万平方米，主楼4层，目前馆藏已经超过700万册（件）。

好书是伟大心灵的富贵血脉。——弥尔顿

第十二站

我来制作一本书

　　不知不觉中，我们在迎迎和春春的陪伴下来到最后一站。同时，我们的小学生活也接近尾声。回顾小学六年的生活，你一定有许多珍贵的回忆和收获，让我们把这些难忘的经历和知识整理编制成一本书，留做纪念吧！

学习之旅

活动一：确定主题，选择素材

你这本书的主题是什么呢？围绕主题，确定什么书名，选择哪些内容呢？小组讨论后，完成下面的表格。

主题		
书名		
内容		

我这本书的主题是：地球家园。我会选择有关地球的科普知识、保护地球的措施等资料来编写这本书。

生活里没有书籍，就好像没有阳光；智慧里没有书籍，就好像鸟儿没有翅膀。——威廉·莎士比亚

活动二：回忆书的结构，学习制作书

怎样制作一本书呢？让我们来了解一下吧！

（1）提前准备材料：各色卡纸、钢笔、剪刀、尺子、颜料、画笔 、装订工具。

（2）根据前期收集、筛选的资料，选用图文结合等方式在卡纸上创作。

（3）按照一定的顺序对创作好的内容进行排列。

（4）为书加上封面和封底。

（5）装订好书籍。

活动三：美化、完善这本书

一本好书，除了精心设计的封面和封底外，你觉得还需要有什么呢？

我觉得可以加上一个序言。序言可以自己写，也可以邀请别人写。

目录也要有，这样便于读者一眼看出这本书包括哪些内容。同时还要在目录上添加页码，这样便于读者查找内容！

可以在需要的地方增加一些插图，使这本书更有可读性。

还需要注意文字、图形、色彩搭配，这样整本书会更协调、更美观！

养成阅读的习惯等于为你自己筑起一个避难所，几乎可以避开生命中所有的灾难。——威廉·萨默塞特·毛姆

活动四：装订这本书

一本书常用的装订方法有哪些呢？

书的装订方法有很多。第一种是线装。线装是我国传统的装订方式。

第二种叫骑马订，适用于页数不多的书刊。骑马钉的装订周期短、成本较低，但是装订的牢固度较差。

第三种叫平订，是指将配好的书页相叠后，用线或铁丝订牢，再包上封面的装订方法，一般适用于页数偏少的书刊。

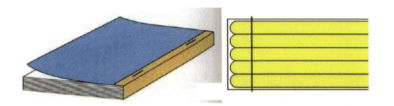

第四种叫无线胶订，是目前应用最广泛的装订方法之一。它不用铁丝、不用线，是一种热熔胶装工艺。我们使用的图书大部分都是无线胶订。

第五种叫锁线胶订。装订时将各个书页先锁线再上胶。这种装订方法装出的书结实且平整，使用寿命长，但成本相对较高。内文纸张较厚，页码较多的书籍必须采用此种装订方式。

读书可以经历一千种人生，不读书的人只能活一次。——乔治·马丁

除了以上几种装订方法，还有一种装订方法叫经折装，以卷子长幅改作折叠，成为书本形式，前后粘以书面。它是由卷轴装演变而来的。卷轴装展开和卷起都很费时，改用经折装后较为方便。

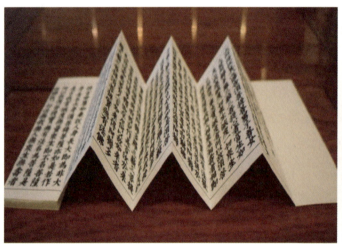

能力提升

　　小组合作，设计一本书，书名自拟。要求：作品有自己独特构思，布局合理，造型美观，色彩协调。设计好后用自己喜欢的方式装订好。让我们来开一个新书发布会吧！

图书馆传送门

厦门大学图书馆

厦门大学图书馆始建于1921年，是全国古籍重点保护单位。著名图书馆学家裘开明任首任馆长，历史学家郑天挺曾参与首届图书筹备工作，人类学家冯汉骥、文学巨匠林语堂、金融学家朱保训等都曾任职于此。截至2022年12月，馆藏总量达1 468万册。其中，纸本馆藏470万册，电子馆藏998万册，数据库计188个。馆内藏有大量的古籍线装书、缩微平片等资源。

丹麦皇家图书馆

丹麦皇家图书馆有3处馆舍，面积总数52 843平方米。斯劳兹赫尔姆的"黑钻石"馆是国家馆总部，主要收藏技术类图书；菲奥尔斯塔德馆主要收藏社会科学与法律文献；而阿迈厄馆则收藏人文科学资料。在向普通公众服务、搜集整理资料、与国外进行学术交流方面，丹麦皇家图书馆均扮演了重要角色。

人的影响短暂而微弱，书的影响则广泛而深远。——亚历山大·谢尔盖耶维奇·普希金